L'ANCIENNE ÉGLISE

NOTRE-DAME DU MARAIS

A NOGENT-LE-ROTROU

LECTURE FAITE A LA RÉUNION GÉNÉRALE

DE LA SOCIÉTÉ PERCHERONNE D'HISTOIRE ET D'ARCHÉOLOGIE

A L'HOTEL DE VILLE DE NOGENT-LE-ROTROU

LE LUNDI 5 OCTOBRE 1903

Par M. l'abbé C. CLAIREAUX

Curé de Notre-Dame de Nogent-le-Rotrou

BELLÊME

IMPRIMERIE DE GEORGES LEVAYER

1904

L'ANCIENNE ÉGLISE

NOTRE-DAME DU MARAIS

A' NOGENT-LE-ROTROU

LECTURE FAITE A LA RÉUNION GÉNÉRALE

DE LA SOCIÉTÉ PERCHERONNE D'HISTOIRE ET D'ARCHÉOLOGIE

A L'HOTEL DE VILLE DE NOGENT-LE-ROTROU

LE LUNDI 5 OCTOBRE 1903

Par M. l'abbé C. CLAIREAUX

Curé de Notre-Dame de Nogent-le-Rotrou

BELLÊME

IMPRIMERIE DE GEORGES LEVAYER

1904

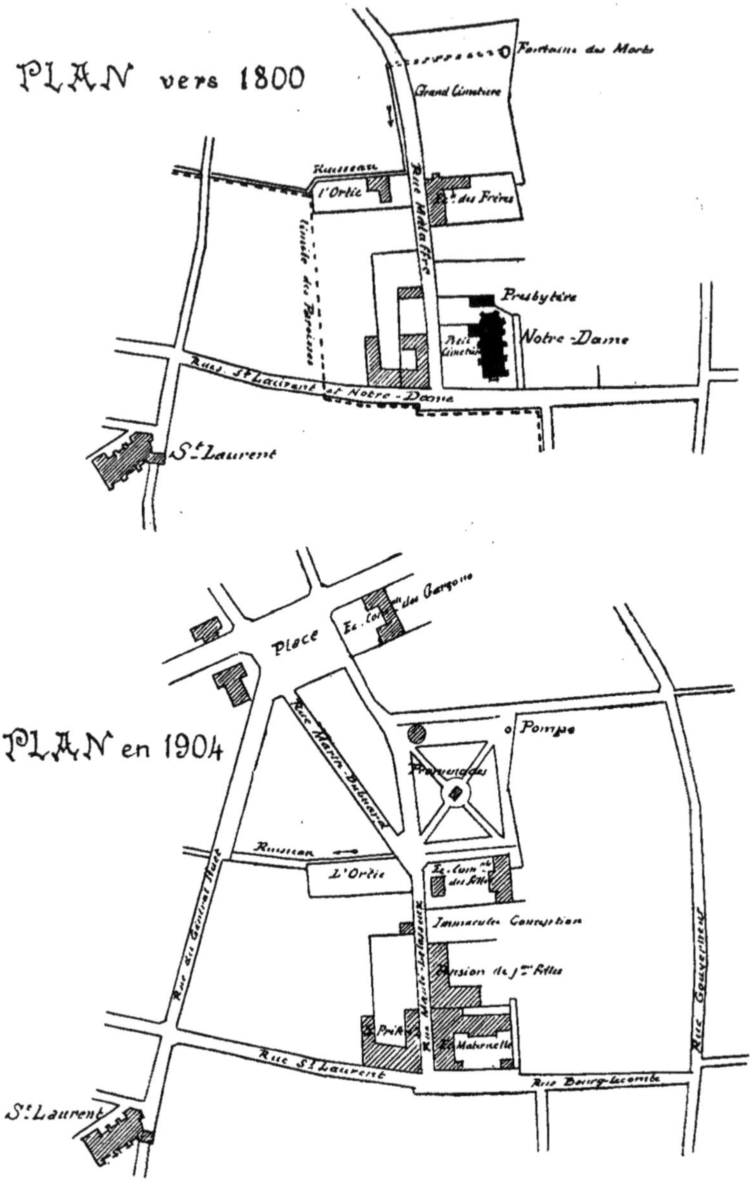

PLAN vers 1800

Fontaine des Morts
Grand Cimetière
Ruisseau l'Ortic
Rue Malifaire
Éc. des Frères
Venelle du Paroissien
Presbytère
Petit Cimetière
Notre-Dame
Rue St Laurent et Notre-Dame
St Laurent

PLAN en 1904

Éc. Cong. des Garçons
Place
Rue Marin Dubuard
Pompe
Promenades
Ruisseau
L'Ortic
Rue des Général Thiers
Éc. Cong. des Filles
Rue Malifaire ancien
Immaculée Conception
Pension de j. Filles
Rue Gouverneur
Prix
Éc. Maternelle
Rue St Laurent
Rue Bourg-Lecomte
St Laurent

NOGENT-LE-ROTROU

Emplacement de l'ancienne église Notre-Dame du Marais

(Dessin de M. Proust).

L'ANCIENNE ÉGLISE NOTRE-DAME DU MARAIS
A NOGENT-LE-ROTROU [1]

Mesdames,
Messieurs,

L'ancienne église Notre-Dame du Marais, dont je veux vous entretenir, a été démolie en 1798 : il y a exactement cent cinq ans. Si vous demandez, même à un vieux Nogentais, quelque renseignement sur cette église, peut-être saura-t-il vous répondre qu'elle s'élevait près de la Sous-Préfecture, à l'emplacement actuel de l'Ecole maternelle et de l'Institution Delfeuille ; mais c'est tout. Les souvenirs sont très vagues. On dirait que plusieurs siècles déjà ont passé sur ces ruines. Que dis-je : des ruines ? *Etiam periere ruinæ :* les ruines elles-mêmes ne sont plus.

Et cependant, de l'aveu unanime des contemporains, cette église était « la plus belle église paroissiale de la ville (2) ». J'ai même entendu dire que Notre-Dame du Marais était « la sœur de l'église de La Ferté-Bernard ». Sœur de nom, peut-être, puisque toutes deux s'appelaient : Notre-Dame du Marais ; mais de nom seulement, car si l'église de Nogent eût été un édifice aussi remarquable que l'église de La Ferté, il me semble impossible que le souvenir de tant de splendeurs architecturales et sculpturales se fût effacé aussi vite.

Chose étonnante ! il n'existe plus aujourd'hui — du moins, à ma connaissance, — aucun plan, ancun dessin, concernant la ville de Nogent, qui remonte au-delà de l'époque révolutionnaire. Il semble qu'un génie destructeur se soit appliqué à faire disparaître tout ce qui pouvait éclairer les historiens futurs. Il y a quelques années, alors que le regretté M. Georges Duplessis, membre de l'Institut, était directeur du musée des gravures, au

---

(1) Lecture faite à l'assemblée générale du lundi 5 octobre 1903.
(2) Pitard : *Fragments historiques sur le Perche.* Mortagne, 1866. Voir p. 359.

Louvre, je l'avais prié de rechercher si, dans le recueil de Claude Châtillon ou quelque autre de ce genre, il ne se trouverait pas un dessin, un plan quelconque, représentant la ville de Nogent-le-Rotrou et l'église Notre-Dame : ses recherches n'aboutirent point.

Le seul document qui nous rappelle l'ancienne cité nogentaise est la vue cavalière qui existe au château de Villebon, dans la collection des châteaux appartenant à Sully. C'est une peinture qui reproduit la colline de Saint-Jean, avec son célèbre donjon et son église collégiale, d'une manière très pittoresque assurément, mais combien inexacte ! Aussi l'on a tout lieu de craindre que le reste du tableau ne soit qu'une représentation par à peu près. Et, de fait, quand on se propose d'identifier les deux tours carrées et la flèche élancée qui émergent du fouillis de maisons placées au bas de la colline, on hésite, on hésite encore en face des difficultés grandissantes, et finalement on y renonce (1).

Il faut donc chercher ailleurs les renseignements sur Notre-Dame du Marais. En formant comme un faisceau de mille détails recueillis de toutes parts, dans l'inventaire des Archives d'Eure-et-Loir, les registres de la municipalité, les papiers de la fabrique, les livres des historiens locaux, les souvenirs des personnes qui s'intéressent aux choses du passé, nous avons essayé de faire à votre intention, Mesdames et Messieurs, une sorte de restitution de notre ancienne église. Heureux serions-nous, si la lecture que nous allons faire éveillait dans vos esprits quelques souvenirs oubliés ! Plus heureux encore, si votre bienveillance dès longtemps connue consentait à nous les communiquer et à nous en faire bénéficier !

---

(1) En admettant que l'une de ces tours soit celle de l'église Saint-Laurent, l'autre ne peut appartenir à l'église (aujourd'hui détruite en partie) du monastère de Saint-Denis : l'orientation, très facile à constater, de cette dernière église s'y oppose absolument. Serait-ce donc la tour de Notre-Dame du Marais ?...

D'autre part, la flèche élancée qui, aux yeux de beaucoup, désigne l'église Notre-Dame, ne serait-elle pas plutôt la flèche de la chapelle des Ursulines, couvent fondé en 1633 à l'emplacement actuel de la communauté des sœurs de l'Immaculée-Conception ? Aurait-elle eu la capacité de contenir les quatre cloches dont nous parlerons plus loin ?

I. — L'Emplacement de Notre-Dame du Marais

A quel endroit précis se trouvait l'église Notre-Dame du Marais ?

Répondre à cette question n'est pas chose aussi facile qu'on le pourrait croire. Des documents certains nous apprennent que l'église Notre-Dame du Marais était située dans la *Grande rue Notre-Dame.* C'est déjà un premier embarras que de déterminer aujourd'hui où commençait et où finissait cette rue. Nous inclinons à croire qu'elle était le prolongement de la rue Saint-Laurent. Elle devait commencer à la limite de la paroisse, c'est-à-dire à peu près en face de la belle maison de Pierre Durand et de Blanche Febvrier, au moulin qui séparait alors les paroisses de Saint-Laurent et de Notre-Dame et qui se trouvait dans la propriété occupée de nos jours par Mme Valet (1).

(1) L'étendue de la paroisse Notre-Dame est demeurée jusqu'à nos jours ce qu'elle était aux siècles passés, sauf quelques parties cédées à la paroisse Saint-Laurent (la Chevecerie, à Saint-Jean, et les maisons qui s'étendent de la Sous-Préfecture à la propriété Valet, rue Saint-Laurent).

Il ne sera pas sans intérêt de mentionner ici la ligne actuelle de délimitation *urbaine.*

Partant de la colline de Saint-Jean, cette ligne descend la *Culbute* et atteint la *rue des Bouchers* au n° 12, laissant à la paroisse Saint-Laurent tout ce qui est à gauche. — A partir du n° 12, les deux côtés de la rue des Bouchers font partie de la paroisse Notre-Dame ; de même *la rue de Rhône* jusqu'au pont de Rhône, *les Petites-Poupardières* et le côté droit de la *rue des Poupardières.* — Au sortir de cette dernière rue, la ligne de séparation franchissant le prolongement de la rue Saint-Laurent, traverse la *rue Mauté-Lelasseux,* laisse à Notre-Dame, vis-à-vis l'école communale des filles, la propriété et la maison dite de l'*Ortie,* récemment détruite, et de là suit le ruisseau qui limite le pré des sœurs de l'Immaculée-Conception, le pré Badière et ce qui reste du pré Desplantes. Elle passe ensuite derrière le nouveau hangar au bois de l'hospice des Orphelins et atteint la *rue des Prés* à droite au n° 69, tandis que la paroisse Saint-Laurent se prolonge sur la gauche jusqu'à la ruelle du n° 64 qui forme sa limite avec la paroisse Saint-Hilaire. De ce point, elle continue sur la droite jusqu'au *porche de la ruelle Tramblin* (n° 15 de la rue des Prés), et se prolonge par cette *ruelle* et la *place du Champ-de-Foire* jusqu'à la *rue Tochon,* qui appartient à Saint-Hilaire ; puis elle remonte par la *rue de la Herse* et la *place Saint-Pol* jusqu'à l'église actuelle, en gardant seulement pour la paroisse Notre-Dame ce qui est sur le côté droit. Elle partage enfin de la même manière la *rue de Sully* et la *rue de Nazareth,* au bout de laquelle elle atteint le *Val-Roquet,* qui fait la séparation d'avec la commune de Margon.

Rationnelle assurément, tant que subsista l'ancienne église Notre-Dame du Marais, cette répartition semble aujourd'hui anormale, depuis que la

Nous savons d'autre part que la rue des Poupardières aboutissait à la rue Notre-Dame. Il semble probable que cette rue, pour mériter le nom de Grande rue, se continuait par la rue actuelle du Bourg-le-Comte jusqu'au commencement de la rue du Paty.

Située dans la *Grande rue Notre-Dame*, à laquelle elle donnait son nom, l'église Notre-Dame du Marais était bâtie sur l'emplacement actuel de l'École maternelle et sur une partie de la pension Delfeuille (aujourd'hui dirigée par Mlle Renou). Elle s'étendait le long de la belle maison, qui fait maintenant partie de ce dernier établissement et où se trouve une école enfantine de garçons ; elle traversait la partie supérieure de la cour et de la maison de l'Ecole maternelle et elle se terminait à l'intérieur de la propriété du pensionnat voisin, à la hauteur des bosquets qui limitent le préau du côté de l'est.

En effet, en 1896, lorsque Mlle Guéry, alors directrice, fit construire les communs qui sont établis derrière ce préau, les fouilles nécessitées par les fondations mirent à nu le sol d'une partie de l'ancienne église Notre-Dame. Ayant examiné nous-même ce qu'il en était, nous sommes resté convaincu que l'endroit découvert faisait partie du déambulatoire qui courait autour du chœur. On distinguait encore la marche qui donnait accès à une chapelle du pourtour et une partie du mur de la clôture extérieure de cette chapelle.

Il n'y a donc pas à douter de l'emplacement de l'église, et si, plus tard, les circonstances permettent de faire quelques fouilles, c'est là, très certainement, que se retrouveront les fondations du monument disparu (1).

chapelle Saint-Jacques de l'Aumône a été choisie comme église paroissiale. La nouvelle église Notre-Dame se trouve en effet à l'extrémité même du territoire de la paroisse. C'est pour ce motif et dans l'intérêt des fidèles qui fréquentent cette église, que, sur l'initiative de Mgr Mollien, évêque de Chartres, le conseil municipal de Nogent-le-Rotrou a préparé le projet d'une nouvelle délimitation des circonscriptions paroissiales de la ville...

(1) Depuis que ces lignes ont été écrites, nous avons trouvé aux Archives nationales (N³ Eure-et-Loir n° 22), un « *Plan* manuscrit de *Nogent-le-Rotrou et de ses environs,* extrait d'un dossier concernant les circonscriptions des paroisses de ce département. »

Ce plan est intitulé : *Carte géographique avec aperçu de tous les objets qui doivent être réunis pour faire l'arrondissement de Nogent et former ensemble une seule et même commune.* Il n'est pas daté, mais il est, sans

L'église Notre-Dame du Marais n'était orientée que d'une manière imparfaite, car elle suivait la direction du nord-est. L'usage d'orienter les églises remonte à la plus haute antiquité, mais il n'a rien de strictement obligatoire. Lorsqu'il est observé, la porte principale de l'édifice regarde l'occident et l'abside présente sa convexité à l'orient. Ainsi en est-il de l'église Saint-Hilaire. Il en était de même de l'église Saint-Denis, dont la magnifique abside romane a été heureusement conservée.

De l'église à la rue Malaffre (aujourd'hui rue Mauté-Lelasseux), il y avait un espace que les anciens se rappellent avoir vu planté d'arbres. On l'appelait encore au commencement du siècle dernier le *petit cimetière*. C'est là qu'au sortir de la mission de 1828 fut placé un grand crucifix, qui plus tard fut transporté à l'une des parois du clocher de Saint-Laurent. Le propriétaire de ce terrain vague était, en 1829, M. Rocton-Gautier ; il venait de l'acquérir de son frère, M. Rocton-Charon, et sans doute à cause de cette acquisition, on l'avait surnommé Rocton-Golgotha. Il mourut le 9 août 1839.

Le *petit cimetière* servit-il jusqu'à la fin de lieu d'inhumation ? Nous ne le pensons pas. Vers le milieu du xvi⁰ siècle, la Confrérie du Saint-Sacrement, nouvellement établie, employa son revenu à acheter un pré, qui fut, peu de temps après, bénit par l'évêque de Chartres et converti en cimetière pour la paroisse Notre-Dame (1). Ce nouveau cimetière, dans l'enceinte duquel était la célèbre *fontaine des Morts*, occupait le vaste emplace-

aucun doute, de 1790 à 1793. Sur ce plan, l'église Notre-Dame figure, avec le n° 1, à l'endroit même que nous avons indiqué.

Voici d'ailleurs la liste des églises et chapelles de Nogent, dont l'emplacement y est marqué, avec le numéro d'ordre attribué à chacune :
1. Église paroissiale Notre-Dame,
2. Église paroissiale Saint-Hilaire,
3. Église paroissiale Saint-Laurent,
4. Église du couvent de Saint-Denis,
5. Le couvent de Sainte-Ursule,
6. Le couvent de Nazareth,
7. Église Saint-Jacques ou Hôtel-Dieu,
8. L'église ci-devant collégiale de Saint-Jean-Baptiste,
9. La chapelle de Saint-Robert,
10. (La chapelle des Capucins). Ce numéro marqué sur la carte a été oublié dans la nomenclature.

(1) Voir Thomassu : *Recherches historiques sur Nogent-le-Rotrou*, 1832, p. 47.

ment connu aujourd'hui sous le nom de Rond-Point des Promenades. Après avoir servi pendant deux siècles et demi à l'inhumation des paroissiens de Notre-Dame, il fut brusquement fermé par l'administration municipale en 1798 (décision du 8 brumaire, an VII), sous prétexte que « situé au centre « de la. commune, il *pouvait* être infiniment préjudiciable à la « salubrité de l'air et à la santé des citoyens (1). »

II. — Description de l'édifice

L'EXTÉRIEUR

L'église Notre-Dame aurait été bâtie primitivement au xi° siècle. Les terrains marécageux dont elle était entourée lui firent donner le nom de Notre-Dame du Marais, en vieux langage du Maraget (2). Ce n'était d'abord qu'une simple chapelle appartenant au monastère de Saint-Denis, ainsi que nous l'apprend une bulle d'Urbain II (probablement de 1099) confirmant les possessions du prieuré de Saint-Denis (3). Au xii° siècle, en juillet 1198, les religieux abandonnèrent à l'archidiacre de Chartres les revenus de cette église, sauf la cire, moyennant une redevance de 7 livres en monnaie du Perche (4).

Dans le cours du xiii° ou du xiv° siècle, disent les historiens, les ducs de Bretagne, alors seigneurs de Nogent, la firent rebâtir sur une plus grande échelle, puis ériger en paroisse (5). C'était, dit l'abbé Fret (6), un majestueux édifice, que surmontait une flèche pyramidale, légère et aérienne ; c'était la plus belle des églises paroissiales de Nogent Il ajoute, d'après Bart des Boulais (7), que les ducs de Bretagne s'étaient fait repré-

(1) Voir le Registre municipal de l'an VI et de l'an VII, p. 105.

(2) Pitard, p. 359.

(3) Métais. *Saint-Denis de Nogent-le-Rotrou,* chart. 2.

(4) *Ibid.,* ch. cvii, p. 207.

(5) Ce fut plus probablement au xiv° siècle, ainsi que nous le conjecturons d'un *agnel* de Jean le Bon (1350), retrouvé en parfait état de conservation dans la vieille muraille de l'église, lorsqu'on creusa les fondations du préau de l'Institution Delfeuille. Acquis par M. Gouverneur, cet *agnel* appartient aujourd'hui à son petit-fils, M. Paul Daupeley.

(6) *Antiquités et Chroniques percheronnes,* par l'abbé Fret, 1840, t. III, p. 193.

(7) *Recueil des Antiquitez du Perche,* par Bart des Boulais, édition Tournoüer, p. 97 et 107.

senter au portail de l'église « portant manteaux chargés d'her-
« mine, avec l'écusson de leurs armes. » Quel était le nombre
des statues du portail ? Nous l'ignorons. Néanmoins l'ensemble
devait offrir un aspect assez imposant.

A quel style appartenait l'édifice ? Il n'est pas douteux qu'il
fût de style gothique, comme toutes les églises bâties au xiii° et
au xiv° siècles dans nos contrées. — Mais alors le tableau de
Villebon est nécessairement inexact, car les fenêtres des
églises placées dans le plan inférieur de ce tableau semblent
toutes appartenir au style roman. C'est pour nous une preuve
de plus du caractère incertain et vague de ce document,
d'ailleurs si plein d'intérêt.

L'église avait-elle un simple clocher, ou possédait-elle,
comme les autres églises de la ville, une tour surmontée de la
flèche *aérienne et légère*, dont parle l'abbé Fret ? Cette tour
était-elle sur un des côtés ou placée à l'avant pour former le
portail de l'édifice ? C'est un problème à résoudre. Nous savons
par une ordonnance de Godet des Marais, évêque de Chartres,
en date du 2 février 1702 (1), qu'au pied du clocher se trouvait
une citerne, qu'il fallait vider et nettoyer de temps en temps,
puisqu'un traitement de 5 livres était alloué à l'employé chargé
de ce soin. Il s'agit sans doute de la fontaine connue sous le nom
de Notre-Dame du Marais.

Quoi qu'il en soit, la tour ou clocher devait être une construction considérable. Les registres municipaux de l'époque révolutionnaire (2) nous apprennent que la flèche avait plus de
150 *piés* de hauteur, donc plus de 50 mètres. De plus, au
xvii° siècle et au xviii°, ce clocher contenait quatre cloches.
Elles furent baptisées en 1601, le 25 novembre, ainsi qu'en
témoignent les registres de la paroisse Notre-Dame conservés à
la mairie. Le procès-verbal de la cérémonie fut rédigé par le
vicaire Nicolas Chefdeville, à qui nous devons la conservation
des quatrains inscrits autour de chacune des cloches.

Voici en entier ce procès-verbal (3) :

Le 25ᵉ jour de novembre an 1601 furent par moy Nicolas Paris, pᵗʳᵉ curé et recteur de la paroisse N.-D. de Nogent-le-Rotrou benistes quatre cloches en l'honneur de Dieu ; la plus grosse desquelles fut nommée *Marie* par vénérable et discret Messire René Guerrier, doyen de Sᵗ-Jehan, noble homme Denys Hubert, licentié en droit, bailly de Nogent-le-Rotrou et demoyselle Renée de Michelet, fille de noble homme Gilles de Michelet, escuyer sieur de Radray et de damoiselle Marie des Bonardières.

Signé : R. GUERRIER, AUBERT.

La deuxiesme nommée *Anne* par noble homme Jean Lesueur, esleu por le Roy notre sire, maistre Jehan Gouyn, licentié es loix, lieutenant particulier de Nogent et dame Bonne Bellanger, femme de noble homme Maistre Michel Gouyn, lieutenant général du dit Nogent.

Signé : LESUEUR, J. GOUYN.

La troisiesme nommée *Elizabeth* par honorables personnes maistres Jehan Aulbin, esleu pour le Roy nʳᵉ sire, Robert Gouyn, sieur du Mezeray, licentié es loix et honorables femmes Marguerite Goullet, femme de noble homme maistre Yves Hubert, sieur des Salles, recepveur du dit Nogent et Gabrielle Gouyn, femme de noble homme maistre Jacques de Michelet, sieur de la Chevalerie.

Signé : AULBIN, R. GOUYN, M. GOULET et Gabrielle GOUYN.

La quatriesme nommée *Gabriel* par honorables personnes Michel Dauge, marchand et sieur du Buisson, honorable Françoyse Lesueur, femme de honorable homme Robert Maugars, sieur du Tremblay, et demoiselle Louyse Hubert, fille du d. sieur bailly et de damoiselle Marie Denisot.

Signé : DAUGE, Françoise HUBERT.

Et à la dite bénédiction assistoient en surplis, vénérables et discretes personnes Messires Jehan Lorin, Pierre Lescouble, Nicolas Berard, Louys Foucquet, Anthoyne Hacquin, Anthoyne Boudet et Nicolas Chefdeville, tous habitués en la d. esglise de N. D. de Nogent-le-Rotrou, soubs le d. curé.

Et estoient présentes honnestes personnes Guillaume Denisot, sieur des Joubedières et Augustin Tuffier, sieur de la Chasnerie.

Signé : A. TUFFIER, G. DENIZOT.

La copie du qtenu (contenu) autour des cloches

LA PREMIÈRE :

Icy quatre on nous voit quj portons divers noms :
Moy du fidel chrestien j'esveille la mémoire,
Soubz le nom de *Marie,* et soubz l'UT, plus bas ton,
Pour louanger de Dieu la grandeur et la gloire.

LA SECONDE :

Nommée *Anne* je fus, quj en rien ne discorde
A ma fille Marie, or (sinon) que RÉ, ton plus hault
Mon parler m'aict donné, car en tout je m'accorde
A pousser les humains de louer le très hault.

LA TROISIESME :

Le nom d'Elisabeth je receus à propos,
Car comme moindre suye, aussi de MI je porte
La voix plus humble et douce : et sy (ainsi) je chante en sorte
Que m'accordant, de Dieu je résonne le loz (je fais retentir la louange).

LA QUATRIESME :

FA, c'est ma voix, des aultres plus haultaines (plus haute que les autres),
Et mon nom est Gabriel, quj jadis
Fut envoyé, pour *dire* paradis
Estre donné pour la nature humaine.

L'an 1601 Gaspard Jacques nous a faictes.

CAMPANA DE SEIPSA LOQUENS :

Laudo Deum verum, plebem voco, congrego clerum,
Defunctos ploro, pestem fugo, festa decoro.

PROSOPOPÉE DE LA CLOCHE :

Dieu tout puissant je loue et le peuple j'assemble,
J'invocque le clergé pour venir au sainct temple,
Je plore les deffunctz, je chasse le démon,
Les festes je décore et les sainctz par mon son.

« Tout ce que dessus a esté escript par moy Nicolas Chefdeville, p^tre, vicaire de la dicte église de n^re Dame soubzsigné l'an 1601 et le jour dernier du moys de novembre.

« Signé : N. CHEFDEVILLE (1). »

La poésie conservée par le vicaire Chefdeville n'est pas assurément de premier ordre : Malherbe allait venir, mais il n'était pas encore venu. Du reste, j'ai moins à l'apprécier ici en critique littéraire qu'en archéologue, et dans ce dessein, il me suffira de dire que, si le clocher de Notre-Dame avait 150 *piés* de haut (ce qui est assez bien pour une flèche), il devait aussi,

(1) Archives municipales : Paroisse Notre-Dame. Registre des baptêmes, 1600-1615.

pour contenir ses quatre cloches, être d'une construction robuste et large.

Voici encore, extraites du registre paroissial de Notre-Dame de 1760 à 1766, deux pièces curieuses, concernant le baptême de la grosse cloche, qu'il avait fallu sans doute remplacer :

Nous Charles-François *Comte de Laubespine*, Brigadier des armées du Roy, seigneur chatelain de Varize, Orgères, Bazoches, Pressainville, Elumignon, Lizouard, Pommay et la Boblinière, Lindron, Gaudigny, La Chenardière, Secouray, Villeneuve, Montjay, Villeré, Villerau, la Tour-Blanche, seigneur comte de Nogent-le-Bethune, marquis de Courville, baron de Champrond et autres lieux, et dame Magdeleine-Henriette-Maximilienne de Bethune de Sully, comtesse de Laubespine et de Nogent-le-Bethune, mon épouse.

Donnons pouvoir a M⁰ Jacques-Denis Courtin de Torsay, avocat au Parlement, Lieutenant général de notre dit comté de Nogent et a demoiselle Louise Guillier épouse du sieur Bésirard de la Touche, de pour nous et en nos noms et qualités, donner les noms et assister a la cérémonie et Bénédiction de la grosse cloche de l'Eglise et paroisse de Notre-Dame de notre dite ville de Nogent, tout et ainsi qne nous avons été invités de le faire par Messieurs les desservant et marguilliers de la ditte paroisse. Promettant agréer tout ce qu'ils jugeront à propos de faire a cet égard. Fait a Paris en notre hotel, l'an mil sept cent soixante six, le vingt neuvieme jour d'août et avons fait apposer a ces présentes le sceau de nos armes par notre secretaire.

Signé : Le Cte DE L'AUBESPINE,

DE BETHUNE-SULLY Ctesse DE L'AUBESPINE.

(Place du sceau)

Par mes d. seigneur et dame,

DESGRANGES.

Bénédiction de la cloche fondue dans le petit cimetière à côté de la petite porte en sortant de l'église pour entrer dans le cimetière à main gauche.

L'an mil sept cent soixante et six, le vingt octobre a été bénite la grosse cloche de cette église par moy Prêtre soussigné, laquelle a été nommée *Henriette Françoise* par très haut et très puissant seigneur messire Charles François comte de L'Aubespine, brigadier des armées du Roy et très haulte et très puissante Dame, Madame Magdeleine-Henriette-Maximilienne de Bethune-Sully, comtesse de L'Aubespine son épouse, seigneur et dame des chatelenies de Varize, Orgères, Bazoche, Pressinville, du comté de Nogent cy devant le Rotrou a présent de Bethune, du marquizat de Courville, de la vicomté de

Champrond, de la baronie de Molandon, de la chatelenie de Chuisnes, du Veaujoly, Vilbon, Montigny et autres lieux. Représentés par Mᵉ Jacques-Denis Courtin de Torsay, avocat en Parlement, lieutenant général du comté de Nogent-le-Bethune cy devant le Rotrou, ancien Echevin de cette ville, et par demoiselle Louise Guillier, épouze du sieur Bessirard de la Touche, en présence des maitres Pierre Bordier desservant, et François Gault, vicaire de cette église, soussignés.

Signé : Guillier fᵉ de Bessirard de la Touche, Courtin de Torsay, Bessirard de la Touche, Goislard, Bessirard Dumargat, Delamarre, Desnoyers, Pinceloup, Fergon du Boulay, Fedé, Pesseau de Torsay, Goislard Goislard, Dugué Desnoyers, Courtin de Torsay, Courtin de Torsay, Gault vic. et Bordier deservant.

Au haut du clocher qui renfermait une si belle sonnerie, une horloge indiquait l'heure aux habitants du voisinage. Celui qui était chargé de la remonter, à l'époque de la Révolution, était M. Rocton père (sans doute le père ou le grand-père de Mˡˡᵉ Chantal Rocton, la fondatrice de l'Ecole maternelle). Mais le 5 germinal, an VI, on constata avec horreur que M. Rocton, et aussi MM. Beaufils et Gout fils, chargés respectivement de remonter les horloges de Saint-Hilaire et de la Place, avaient « toujours manifesté des sentiments anti-républicains et que « cependant ils sont encore employés pour remouter les trois « horloges de cette commune. » L'administration municipale considérant « qu'il est de toute justice de préférer — même « pour de telles fonctions — de bons citoyens, pères de famille, « qui ont donné des gages à la République », les remplaça tous les trois par des citoyens plus zélés qui reçurent chacun un traitement annuel de 36 francs (1).

Plus tard, en l'an IX, après la démolition de l'église, l'horloge de Notre-Dame, sur la demande des habitants du quartier fut transportée à l'église Saint-Laurent, où, tant bien que mal, elle rend encore aujourd'hui quelques services (2).

Mais laissons de côté ce que l'histoire nous rapporte au sujet du clocher et des cloches, et contentons-nous de dire qu'à la Révolution on prit prétexte du peu de solidité de ce clocher

(1) Registre municipal des ans VI et VII, p. 30, verso.
(2) Registre municipal de l'an IX, 23 nivôse, p. 220.

pour mettre en doute la solidité de l'église elle-même et décider l'entière démolition de l'édifice. Or, les auteurs l'affirment unanimement, le prétexte était faux.

L'INTÉRIEUR

Entrons maintenant dans l'intérieur de l'église et jetons-y un rapide coup d'œil.

Devant nous s'étend un édifice d'assez vastes proportions, avec sa nef, garnie au xviiiᵉ siècle de soixante-douze *bancs* plus ou moins larges, fournissant (d'après un registre conservé aux Archives de la fabrique) un total d'environ deux cent vingt-cinq places.

Comme dans toute église paroissiale, il y avait des *fonts baptismaux :* en 1667, Opportune Delincourt demanda à être enterrée tout auprès ; il y avait une *chaire*, près de laquelle on inhumait les membres de la famille des Champion. Moins heureuse que celle de la collégiale de Saint-Jean, qui fait aujourd'hui l'ornement de l'église Saint-Laurent, la chaire de Notre-Dame du Marais ne paraît pas avoir été conservée.

Le chœur était séparé de la nef par une clôture, sur laquelle ou près de laquelle se trouvait un Crucifix. C'était là, dans la seconde moitié du xviiᵉ siècle, qu'était la sépulture de la famille Michellet, alliée aux Champion.

Du chœur proprement dit, nous savons peu de chose, sinon qu'il était orné, vers 1768, de tableaux et d'ouvrages faits par Claude Akerbach, sieur de la Roche, qualifié dans les actes de *peintre-doreur* (1). — Aux jours de fêtes, on y tendait des tapisseries.

Dans le sanctuaire, le maître-autel avait été démoli en 1744, pour être reconstruit un peu plus loin, sans doute dans le genre grec qui sévissait alors. Par reconnaissance pour les comtes de Soissons, bienfaiteurs de l'église, le curé, M. Tuffier, fit remettre leurs armes au milieu de l'autel (2).

Autour du chœur, sinon tout autour de l'église, régnait un déambulatoire : nous croyons pouvoir l'affirmer d'après ce que nous avons constaté, comme nous l'avons dit plus haut, lors des

(1) Tous ces détails nous sont fournis par l'Inventaire des Archives d'Eure-et-Loir, t. I.
(2) Voir Thomassu, p. 47, note.

fouilles faites en 1896 ; nous le déduisons aussi d'une décision de l'assemblée des habitants autorisant, le 8 juillet 1787, la création d'un suisse, sur la demande de M. le Curé qui avait remarqué des gens qui se tenaient mal *autour de l'église* et *particulièrement derrière le chœur* (1).

Plusieurs chapelles rayonnaient autour du sanctuaire. Nous trouvons mention expresse de trois : la chapelle de sainte Barbe, la chapelle de sainte Geneviève et la chapelle de Notre-Dame du Marais, *où est l'autel du saint Rosaire*, est-il dit en 1639 (2). Mais nous pensons qu'il y en avait davantage et nous croirions volontiers que chaque confrérie avait la sienne.

Il y avait dans ces chapelles et même dans l'église proprement dite de nombreuses sépultures. Dans ces âges de foi, non seulement les prêtres, mais les notables de la paroisse et surtout les bienfaiteurs de l'église avaient droit d'être enterrés dans le lieu saint. Beaucoup même fixaient d'avance, dans leur testament, la place de leur choix. Nous pourrions en citer de nombreux exemples, en 1586, 1617, 1639, 1661, 1669, 1672, 1688, etc. (3).

Dès le milieu du xvii° siècle, Notre-Dame du Marais possédait un orgue, car on y fit en 1654 des réparations. Nous savons d'ailleurs que l'organiste touchait 100 livres par an pour son traitement. Ce traitement semble avoir été, en 1702, réduit à 50 livres, à cause des difficultés financières de la fabrique. Le nom d'un des organistes nous a été conservé. Il s'appelait Noël Gabel. Il mourut âgé de cent ans moins deux mois, en 1667, et il fut inhumé, à Notre-Dame, le soir de la Toussaint, après les vêpres des Morts (4).

Qu'est devenu l'orgue de Notre-Dame du Marais ?

STATUES ET TABLEAUX

L'église actuelle de Notre-Dame a hérité de sa devancière un groupe précieux de statues composant une Nativité. Ce groupe

(1) Notes recueillies par M. l'abbé Chichy, ancien vicaire de Notre-Dame, aujourd'hui chanoine de Saint-Dié et secrétaire particulier de Mgr Foucault, évêque de Saint-Dié, ancien curé de Notre-Dame, p. 13.

(2) Archives d'Eure-et-Loir, série E, p. 527.

(3) Archives d'Eure-et-Loir, *passim*.

(4) Notes de M. Chichy, p. 6 et 10. Registre de la fabrique, p. 27 (ordonnance de 1702).

comprenait jadis douze grandes statues (dont deux ont été perdues ; l'une a été remplacée : c'est l'ange qui tient la bande-rolle du *Gloria in excelsis*) et quatre statues plus petites. Les grandes statues représentent les trois rois mages, deux pro-phètes (David et Isaïe qui ont chanté à l'avance la naissance du Rédempteur), et trois bergers, près desquels apparaissent les têtes traditionnelles de l'âne et du bœuf. Plus rapprochés de la crèche, sont agenouillés la sainte Vierge et saint Joseph. Les quatres petites statues représentent l'Enfant Jésus dans la crèche et trois anges adorateurs dans des attitudes charmantes et variées. Ces statues sont modelées en plâtre et constituent une œuvre évidemment originale, qui plaît par le caractère des physionomies et la perfection du travail. L'œuvre nous paraît être de la première partie du xviie siècle. Il est regrettable que ces statues aient reçu une décoration peu en rapport avec les exigences de l'art.

Nous possédons encore une statue en bois qui doit venir de Notre-Dame du Marais. C'est la statue de sainte Véronique, vulgairement appelée sainte Vénisse. Elle est aujourd'hui placée dans la chapelle du Sacré-Cœur, à droite, et elle est toujours l'objet d'un pèlerinage assez fréquenté.

Qu'est devenue la statue du Bon Pasteur, qui, d'après certains renseignements, avait été sauvée du désastre de la Révolution et déposée alors chez Mme Gautier, grand'mère de Mlle Reynaud, de la rue des Tanneurs? Elle a dû être remise à l'église Notre-Dame, mais elle a disparu et nous n'avons pu en suivre la trace.

Plus heureuse a été l'antique et vénérée statue de Notre-Dame du Marais. Elle était le centre d'un pèlerinage très suivi, surtout à l'époque de la Nativité de la sainte Vierge. Elle est aujourd'hui déposée dans l'église Saint-Laurent (1), où l'avait suivie la vénération populaire. C'est une statue en pierre, d'environ 1^m20 de hauteur. Elle ne possède aucun détail de sculpture qui présente de l'intérêt. La Vierge soutient l'Enfant Jésus sur son bras gauche et, sous le poids, s'incline légèrement à droite : ce qui semblerait indiquer que cette statue remonte au xve siècle. Au moment de la Révolution, elle fut, dit-on, jetée dans un puits, d'où on la retira en trois morceaux.

(1) Cf. *Voix de Notre-Dame de Chartres*, 1894, supplém. p. 153.

GROUPE DE LA NATIVITÉ

PROVENANT DE L'ÉGLISE N.-D.-DU-MARAIS

CONSERVÉ DANS L'ÉGLISE ACTUELLE

Nous connaissons encore une autre statue provenant de l'ancienne église Notre-Dame. Elle est en bois, haute de 60 centimètres et représente un évêque revêtu du rochet et de l'étole, enveloppé de la chape et coiffé de la mitre. Au-dessous, dans un coffret-reliquaire qui sert de support à la statue, sont deux parcelles considérables d'ossements, avec cette inscription : *saint Eloy euesque.* Cette statue, fort belle et très bien conservée, porte le cachet du xvii° siècle. Elle fut sauvée, à l'époque de la Révolution, par M. Demasle, chantre à l'église Notre-Dame du Marais, et depuis lors on la garde respectueusement dans la famille comme un précieux souvenir (1).

Pour terminer cet inventaire des œuvres d'art de notre ancienne église, mentionnons le tableau du Rosaire, aujourd'hui placé dans la tribune de l'église Notre-Dame, en face de l'orgue. Il surmontait sans doute l'autel du Rosaire érigé dans la chapelle de Notre-Dame du Marais. C'est un grand tableau représentant la sainte Vierge et l'Enfant Jésus, saint Dominique et sainte Catherine de Sienne. Le chien qui porte une torche allumée est l'emblème de l'illustre fondateur de l'ordre dominicain. D'aucuns prétendent que les deux monuments peints dans le paysage seraient les deux églises disparues de Notre-Dame du Marais et de la collégiale de Saint-Jean. Nous n'en croyons rien. Ce tableau ne nous paraît pas être de l'école française. Il a été habilement restauré en 1845 par M. Louis Moullin (2).

Nous pourrions nous étendre longuement encore — car les

---

(1) Elle est aujourd'hui chez Mme veuve Demasle, rue Saint-Lazare, près de la gare.

(2) Les Frères des Ecoles chrétiennes de Nogent-le-Rotrou sont en possession de quatre figures en demi-relief (bois ou plâtre doré) représentant les quatre Évangélistes avec leurs attributs habituels. Ces statues, montées sur un socle de 0^m30, ont elles-mêmes 0^m35 de hauteur. Elles faisaient sans doute partie de la décoration d'un autel ou peut-être de la chaire.

Quoi qu'il en soit, elles ont été données au Frère Spérance, directeur de l'école vers 1870, par une dame de Chartres dont les parents originaires de Nogent-le-Rotrou, avaient recueilli ces statues, lors de la démolition de l'église Notre-Dame du Marais.

Les Frères possèdent encore, de la même source, deux statuettes en bois doré de 0^m35 de hauteur. La première représente saint Augustin, en costume d'évêque, tenant de la main gauche un cœur ; l'autre représente aussi un évêque, de la gauche tenant sa crosse, de la droite un livre ouvert, et ayant à ses pieds un casque de guerrier. Nous ignorons quel peut être ce saint évêque.

détails ne manquent pas, — et sur les Confréries qui animaient la vie paroissiale, et sur les prêtres, curés et vicaires, qui ont exercé le saint ministère, et sur les fonctions des divers employés de l'église : sacristain, organiste, bedeaux et sonneurs, suisse, voire l'employé chargé de remonter l'horloge du clocher ; nous pourrions étudier l'administration fabricienne, ses revenus, ses dépenses, les nombreuses fondations alors établies dans l'église ; enfin nous pourrions rappeler les fêtes et cérémonies qui ont eu lieu à Notre-Dame du Marais ou auxquelles son clergé prit part (1). Mais tous ces récits nous entraîneraient trop loin, et ce serait vraiment abuser de l'attention de nos auditeurs (2).

III. — Destruction de l'église Notre-Dame du Marais

Transportons-nous maintenant par la pensée aux jours funestes où l'antique monument, une des gloires de la cité nogentaise, va disparaître en proie à la fureur révolutionnaire. Nous sommes en 1798, c'est-à-dire selon le calendrier d'alors, en l'an VI et VII de la République une et indivisible. Les dernières années qui viennent de s'écouler ont été des plus dures et des plus pénibles au point de vue religieux. Les prêtres catholiques ont été obligés de s'expatrier ou de se tenir cachés ; les églises ont été fermées au culte, ou, si elles sont restées ouvertes, elles ont été desservies par des prêtres schismatiques.

Tel paraît avoir été le sort de notre église. Les registres municipaux de l'époque nous la montrent en butte à la haine toute particulière du commissaire du Directoire exécutif. Sous prétexte qu'elle menaçait ruine, ce qui, avons-nous dit, était faux, ce commissaire requiert des réparations au clocher et il insiste pour la démolition de la flèche. Vainement, au 13 vendémiaire, l'administration municipale choisit-elle l'église Notre-Dame du Marais pour temple décadaire, cela même ne peut la sauver.

Deux jours après, l'arrêté est rapporté et l'église de l'Aumône désignée définitivement pour le culte du *décadi*. Le 8 brumaire

(1) Sur ce dernier point, le livre si intéressant et si judicieux de **M. O.** des Murs : *Éphémérides du château et de la ville de Nogent-le-Rotrou,* Nogent, 1888, a recueilli une abondante moisson de faits.

(2) Nous espérons pouvoir un jour terminer ce travail et donner une histoire complète de la paroisse Notre-Dame.

suivant, la fermeture immédiate de l'église et du cimetière est ordonnée. Bientôt la flèche est abattue et l'église mise en vente. C'est la fin, c'est la ruine. De Notre-Dame du Marais il ne demeure plus rien et on peut lui appliquer littéralement le mot des Livres saints sur le temple de Jérusalem : « Il n'en reste pas pierre sur pierre. »

Une telle excitation régnait alors dans les esprits (1) que des femmes ne rougirent pas de travailler de leurs propres mains à la démolition. Une des premières et des plus acharnées à manier la pioche fut une dame Poisson, alors âgée de quarante-et-un ans, femme d'un marchand de la rue Bourg-le-Comte (2).

Lorsque les temps furent redevenus meilleurs, les esprits se calmèrent et Mme Poisson revint à d'autres sentiments. Sa conversion fut sincère et éclatante. Elle répara son crime par les pratiques de la plus austère pénitence. Elle venait souvent à l'église, elle s'y prosternait le visage contre terre, priant ainsi pendant longtemps, dans l'attitude d'une contrition profonde. Le soir, ou pendant la nuit, elle s'en allait tantôt à la chapelle des Capucins, tantôt devant la statue de Notre-Dame de la Paix (dans la rue Dorée, aujourd'hui rue Gouverneur, n° 47), tantôt même à la croix de l'Espérance, sur la route de Margon, et là elle passait de longues heures en prière. D'autres fois, elle se rendait au Rond-Point des Promenades, pour prier sur l'emplacement de l'ancien cimetière, et les passants attardés qui l'apercevaient, croyant voir un fantôme, s'enfuyaient épouvantés.

Elle mourut, dans sa maison du Bourg-le-Comte, le 27 janvier 1827, à l'âge de soixante-dix ans. Et jusque dans sa dernière maladie, continuant d'une manière héroïque son expiation, elle n'avait pas voulu demeurer dans son lit ; mais elle s'était fait déposer mourante sur les dalles froides et nues de sa chambre.

---

(1) Les cerveaux étaient *en ébullition*, dit M. Gouverneur, dans le précieux volume intitulé : *Un coin du vieux Nogent,* 1868. Voir p. 84 et aussi p. 53.

(2) M. Gouverneur (*ibid.,* p. 53) raconte que dans la chapelle de l'Aumône devenu temple décadaire, « la déesse Raison, la jolie Mme P... entonna l'hymne de la Liberté sur l'autel de la Fraternité. » La personne désignée par cette initiale ne serait-elle pas Mme Poisson ?

C'est ainsi qu'elle rendit à Dieu son âme purifiée par le repentir.

Terminons ici notre histoire de l'église Notre-Dame du Marais, en cueillant sur ses ruines cette dernière fleur du souvenir. Elle est, n'est-il pas vrai? d'un parfum pénétrant.

C. CLAIREAUX,

Curé de Notre-Dame de Nogent-le-Rotrou.

Bellême, imp. G. Levayer, 4, place au Blé